만화로 보는

3분 철학

① 서양 고대 철학편

만화로 보는
3분 철학

① 서양 고대 철학편

김재훈 글·그림
서정욱(배재대학교 심리철학상담과 명예교수) 글

카시오페아
Cassiopeia

PROLOGUE

우리는 철학을 왜 배워야 할까요?

 인문학이 필요하다는 말은 얼마 전부터 여기저기서 많이 보입니다. 그리고 실제로 인문학의 기초나 지식을 알려주는 강의나 방송 또는 책이 유행하기도 했죠. 그런데 역사나 문학, 예술과 같은 학문에 비해 철학이라는 말은 몹시 낯설고 어렵습니다. 용기를 내서 철학책을 펼쳐보려고 해도 무슨 말인지 이해하기 어려워 덮어두기 일쑤죠.

 뜬구름 잡는 어려운 소리만 말하는 것 같은 이 학문을 우리는 왜 알아야 할까요?

 철학은 지혜의 학문입니다.

 철학은 영어로 필로소피^{Philosophy}라고 합니다. 지혜를 뜻하는 소피아^{Sophia}와 사랑한다는 뜻의 필리아^{Philia}가 합쳐

진 단어죠. 즉, 지혜를 사랑하는 학문이라는 의미입니다. 한자로 쓰는 철학哲學이라는 단어도 마찬가지입니다. 철哲이라는 글자에는 '슬기롭다'는 뜻이 포함되어 있죠.

지혜롭다, 혹은 슬기롭다는 것은 당장의 쓸모를 의미하지 않습니다. 지혜로운 마음과 슬기로운 태도는 당장 밥을 사먹거나 은행 이자를 불리는 문제에 실용적인 해답을 주지는 않습니다. 그렇지만 우리가 어떤 역경에 부딪혔을 때 더 다른 관점을, 그리고 더 넓은 시야를 제공해줄 수 있죠. 단지 배우고 익혀서 어딘가에 써먹을 수 있는 지식이 아닌, 보다 슬기로운 길을 알아가기에 적합한 태도의 학문이라는 겁니다.

그중에서 서양 고대 철학을 알아야 하는 이유는 무엇일까요?

그건 바로 고대에 시작된 철학적 질문들이 모든 학문의 토대가 되었기 때문입니다. 세상이 무엇에서 시작되었을까? 라는 질문에 대해 먼 옛날 철학자들은 다양한 대답을 던졌습니다. 불, 물, 공기… 그런 다양한 답이 나왔죠. 이것을 '자연철학'이라 부르는데, 이 학문은 훗날 과학의 토대가 됩니다.

피타고라스와 같은 철학자들은 숫자에 관심을 가지기도 했는데 이는 현대 수학의 바탕이 되었습니다.

지금보다 발전한 것이 거의 없던 시대에, 철학자들은 자유로운 두뇌를 사용해 존재론에 대해 사유하고 논리적인 사고의 체계를 잡았으며 도덕의 기초를 완성했습니다.

그러니 고대 서양의 철학을 이해하는 것은, 즉 모든 학문을 보다 쉽게 이해할 수 있는 베이스가 되어줄 겁니다.

또 이런 광범위한 지식이 서로 어떻게 연결되어 있는지 조망할 수 있게 되죠. 철학을 기초 상식으로 배워둔 사람은 어떤 정보를 이해하는 문해력이 높아집니다. 자연스럽게 다양한 분야에 걸쳐 읽고, 생각하고, 글 쓰는 과정을 즐길 수 있게 되죠.

생각하되 좀 더 슬기롭게 인간과 사물을 바라보고 그러기 위한 다양한 방법들을 모색하는 것. 철학은 그런 태도에서 출발한 학문입니다. 그런데 우리는 이 철학을 배울 때 언제나 막막하고 어려움을 느낍니다.

아주 오래전부터 최근까지 숱한 철학의 거장들이 펼쳐낸 슬기로움의 행적들을 이해하기 쉽게 편안한 마음으로 훑어볼 수 있다면 얼마나 좋을까요?

처음 이런 생각을 했던 것은 대학원에서 수업을 들었을 때였습니다. 호기심과 지적 허영심이 다시 발동해 학부에서 제대로 전공을 마친 석·박사 과정 학생들 틈에 껴서 수강을 했습니다. 그런데 학기 중 두어 차례 돌아오는 발제가 이만저만한 부담이 아니었습니다. 기라성처럼 느껴지는 철학, 사회학, 인류학 전공자들의 발표에 지지 않을 방법을 궁리하다가 읽고 이해하고 정리하기에 골치 아픈 텍스트를 그림과 도해로 풀이하는 편법을 써봤습니다. 만화로 만든 발제였죠.

반응이 아주 좋았습니다. 철학을 쉽게 배우고 싶은 마음은 누구나 같습니다. 이 책은 그런 마음에서 나왔습니다. 어려운 학문이라고 불리는 '철학'의 기초를 차근차근 만화로 풀었습니다.

이 책의 주인공인 경자 씨는 철학에 대해 아무것도 모르는 평범한 사람입니다. 물론 철학을 몰라도 사는 데에 전혀 지장이 없었죠. 하지만 이 책을 통해 여러분과 함께 철학사를 차근차근 함께 배우며 사고의 폭을 넓히고 지혜에 한 발 가까워질 예정입니다.

독자 여러분도 경자 씨와 함께 이 여정을 함께 떠나봅시다.

경자는 평범한 아이입니다.

철학 따위엔….

관심이 없죠.

왜 그럴까요?

어려워서?

따분해서?

아니면,
먹고사는 데 별로
득될 게 없으니까?

하긴 철학이란 건 그리 친근하지 않을뿐더러
골치아프게 느껴지죠.

물론 경자 씨는 철학을 전혀 가까이
두지 않아도 살 수 있을 거예요.

아예 상종도 안 하고 말이에요.

그럼 그걸로 된 걸까요?

CONTENTS

PROLOGUE 철학을 왜 알아야 할까? 005

1 수를 숭배한 철학자 :
피타고라스 028

2 불을 사랑한 철학자 :
헤라클레이토스 050

3 형이상학과 존재론의 기초를 세우다 :
파르메니데스 074

4 역설의 철학자 :
제논 096

5 지혜를 팔았던 자들 :
소피스트 122

6 지행합일을 주장한 철학자 :
소크라테스 144

7 유토피아를 꿈꾸다 :
플라톤 166

8 삼단논법을 정리하다 :
아리스토텔레스 188

9 금욕을 실천한 거리의 철학자 :
디오게네스 206

10 쾌락을 상징하는 이름 :
에피쿠로스 228

11 로마제국의 정신 :
스토아학파 244

EPILOGUE 266

수를 숭배한 철학자

피타고라스
Pythagoras

B.C. 575~570년경 - B.C. 500년경

오래전 신화에 의존하지 않고 세상 만물의 근원에 대해
해답을 찾으려 했던 사람들이 있었다.

세상은 무엇으로 만들어졌을까?

만물의 근원이자 만물을 지배하는 우주의
근본 원리, 즉 **아르케***Arche*는
당시 사람들의 주된 관심사였다.

밀레토스학파의 탈레스가
"만물의 근원은 물"이라고 주장하는 등
당시의 철학자들은
유행처럼 진리를 탐구했다.

이 시기에 피타고라스는
가장 독특하고 신비로운 방식으로
만물의 근원과 사물의 원리를 탐구한 철학자이다.

피타고라스는 지금의 그리스 동남부에 있는
사모스 섬에서 태어났어요.

당시 철학자들이 활동하던 주무대는
밀레토스라는 곳이었죠.

그때의 철학자들이 가장
알고 싶어 했던 게 뭔지 아세요?

당시에 생각깨나 한다는 사람들은 저마다 나름대로
"만물의 근원은 이것이다"라며 주장했어요.

밀레토스로부터 그리 멀지 않은 곳에서 태어나 유년기를 보낸
피타고라스 역시 그런 철학의 유행을 전해 듣고 영향 받았을 거예요.

페레키데스에게 수많은 기적과 신비로운 지식을 배우고 익힌
피타고라스는 어떤 다짐을 했을까요?

그러나 피타고라스의 아버지는 아들에게 자신의 일을 이어받아
열심히 돈이나 벌라며 반대했어요.

그렇다고 포기할 수는 없었죠.

그래서…

도망을 쳤어요.

가출한 피타고라스는 이집트를 다니면서
기하학과 수학을 배웠고

칼데아 지방에서는
천문학과 논리학을 배웠어요.

그렇게 각지에서 배운 것들과 신비주의 사상을 종합한 끝에
드디어 스스로 위대한 스승이 되었지요.

세상의 가장 중요한 진리를 깨우쳤다고 자신한 피타고라스는
드디어 세상 만물의 근원에 대한 자신만의 독특한 해답을 내놓았어요.

그런 뜻은 아니에요.
그럼 피타고라스가 수를 어떻게 생각했는지 알아볼까요?

수라는 것은 만질 수 있는 감각세계의 물질이 아니라
피상적인 관념이잖아요?

이전의 철학자들이 현실세계의 물질에서
진리와 법칙을 찾으려고 했다면

피타고라스는 추상적인 개념에 주목해서
진리를 탐구하려고 한 거죠.

수가 세상 만물을 구성하는 재료는 아니지만
세상 만물이 수적 조화와 질서를 따른다는 뜻이에요.

피타고라스는 이탈리아의 크로톤이라는 곳에
자신의 사상을 전파할 배움과 포교의 전당을 세우고
사람들을 불러 모았어요.

학식도 학식이지만 무엇보다
신비주의자다운 면모를 잃지 않았죠.

피타고라스를 따르고자 모인 사람들은
그의 말에 복종하면서

모진 가르침 속에서 수의 비밀을 탐구했고,
엄격한 규율을 지키면서

차츰 광신도들이 되어갔어요.

직각삼각형에서 빗변을 한 변으로 하는 정사각형의 면적은
나머지 두 변으로 된 정사각형 면적의 합과 같다.

그런데 말입니다.

자신만만하게 수의 세계는 조화롭고 완벽하다고 확신했던 피타고라스를 하루아침에 불행으로 몰아넣은 것도 수였어요.

뭔데?

무리수였어요. 직각삼각형 두 변의 길이가 1인 경우 빗변의 길이를 도저히 구할 수 없었던 거죠. 그는 악마에게 당한 듯 혼란스러워했어요.

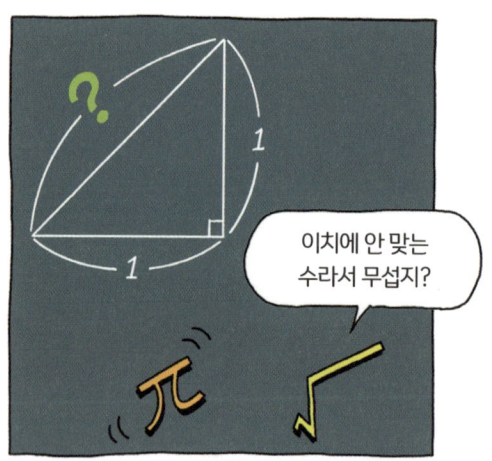

결국 무리수에 대해 알아내지 못한 피타고라스는 제자들을 입단속시켰어요.
그가 얼마나 무리수를 곤란하게 생각했는지 알겠죠?

어때요? 피타고라스라는 철학자
참 재미있는 사람이죠?

그렇긴 한데 수에 대한 발견 말고
그의 사상이 철학사에서
중요한 점은 뭐야?

피타고라스는 추상적인 개념을
보고 만질 수 있는 현상들보다 우월하게 생각했어요.
이런 관점은 이후 플라톤 같은 철학자들에게
영향을 주었고 근대의 합리주의 철학과도
맥이 닿아 있다고 볼 수 있어요.

고대 그리스의 자연철학자들은
세상 만물의 근원이 무엇인지
찾기 위해 고민했다.

그중 헤라클레이토스는
만물의 근원은 불이라고 주장했다.

그는 세상 만물은 고정되어 있지 않고
변하는 것이라고 보아
판타 레이_Panta Rhei_
즉, "만물은 흐른다"라는
말을 남기기도 했다.

우주와 세계의 모든 것들이 끊임없이
변한다고 생각한 그의 세계관은
매우 혁신적인 사상이었다.

헤라클레이토스는 그리스의 식민지였던 에페소스를 통치하던 바실레우스 가문의 장남으로 태어났어요.

바실레우스는 또 뭐예요?

그리스식으로 말하면 왕과 같은 의미죠.

왕의 아들이라니… 그럼 왕자네?

빙고!

그런데 헤라클레이토스는 나라를 다스리는 일보다
세상 이치를 깨닫는 일에 더 관심이 많았나 봐요.
그래서 왕좌를 동생에게 양보했어요.

그리고 자기는 철학자가 되었어요.

헤라클레이토스는 고대 철학자들 중에서도
매우 획기적인 생각을 한 철학자였는데,
그 사상을 이해하려면 일단 그의 독특한 성격을 알아야 해요.

그는 독선적이고 어둡고 심술궂고 교만한 성격이었지만
솔직하고 말과 행동이 일치하는 사람이기도 했어요.

또 자신처럼 현명한 사람은 몇 안 되고
대부분은 멍청하고 아둔하다고 여겼죠.

무지한 사람들의 덜떨어진 생각과 행동을 혐오했던 헤라클레이토스는
사람들이 신에게 비는 걸 보고도 영 못마땅해했어요.

헤라클레이토스는 세상을 신이 창조했다고 생각하지 않고
우연히 생겨났다고 생각했어요.

그리고 필연적으로 결정된 것은 없고
모든 것은 변한다고 생각했죠.

헤라클레이토스는 사람들이 자신이 원하는 대로
우주의 질서를 어기거나 변화시킬 수 있기에
우주의 법칙은 우연이라고 주장했어요.
만약 모든 것이 필연이라면
사람들은 꼼짝없이 정해진 운명에만 따라야 하니까요.

헤라클레이토스는 세상 만물이 항상 변한다는 것을
설명하기 위해 강물의 비유를 들죠.

> 하지만 철학자라면 변하지 않는 세상의 진리를 찾으려고 애쓰는 자세를 보여야 하지 않나요?

> 하긴 그래.

> 탈레스는 만물의 근원이 물이라고 했고, 피타고라스는 수라고 했고… 뭐 남은 거 없나? 나도 폼 나게 한마디 해야 할 텐데?

역시 고대 철학자답게 헤라클레이토스도 "세상의 근원에 무엇인가"라는 물음에 대한 한 가지 해답을 제시했어요.

> 불이야!!

그러니까 헤라클레이토스의 주장에 따르면
세상의 만물은 불에서 생겨나는 것이죠.

헤라클레이토스는 불은 바다로 변하고
땅이 되고 공기가 되며, 이런 것들이
대립하고 투쟁하면서 여러 만물이 생겨나고
변화한다고 생각했던 거지요.

헤라클레이토스는 투쟁이
없는 세상은 무의미하고 삭막하다고 생각했어요.

헤라클레이토스는 활과 화살로 예를 들었어요.
팽팽히 당겨진 활은 마치 정지한 듯하지만
그 사이엔 엄청난 힘이 작용하고 있죠.

그런데 둘 중 하나가 자신의 힘을 이기지 못하면
활줄이 터지거나 나무가 부러져 더는 활이라고 할 수 없어요.

이렇듯 활은 정지한 것처럼 보여도 살아 있다고 주장한 거예요.

맞아요. 투쟁만 있다면 모든 것들이 다 사라져버릴 수도 있죠?
그래서 헤라클레이토스는 투쟁하는 것들이
대립 관계를 유지하기 위해서는 조화가 필요하다고 했어요.

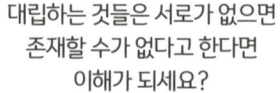

좀 어렵죠? 사실 헤라클레이토스의 철학은
그가 쓴 『자연에 관하여』라는 책을 통해
일부분만 전해지고 있어요. 그런데 문제는
그가 남긴 글과 사상이 매우 난해하다는 거예요.

소크라테스같은 철학자도 "그의 글을 이해하려면 델로스의
잠수부와 같은 인내심이 요구된다"라고 했을 정도니까요.
그리고 아리송한 면 때문에 어떤 사람은 헤라클레이토스의 글을
"신탁에서 무녀들이 횡설수설하는 것처럼 쓰여졌다"라고
비난하기도 했어요.

자기들이 무지한 걸 왜 날 탓해?

끝까지 교만하시네?

자! 헤라클레이토스 철학을 이해할 때
가장 중요한 단어들은,
불, 대립, 그리고 **조화**랍니다.

세상의 만물이 대립하고 생성하고 운동하는 것을
불이라는 근원적 물질로
상징해서 이야기한 것이죠.

그러니까 불이 느닷없이 물이나 다른 것들로 탈바꿈한다기보단
활활 타고 빛나는 불의 성질이 모든 것을 변화시키고
역동적으로 움직이게 하는 힘의 원동력이라고 본 것이죠.

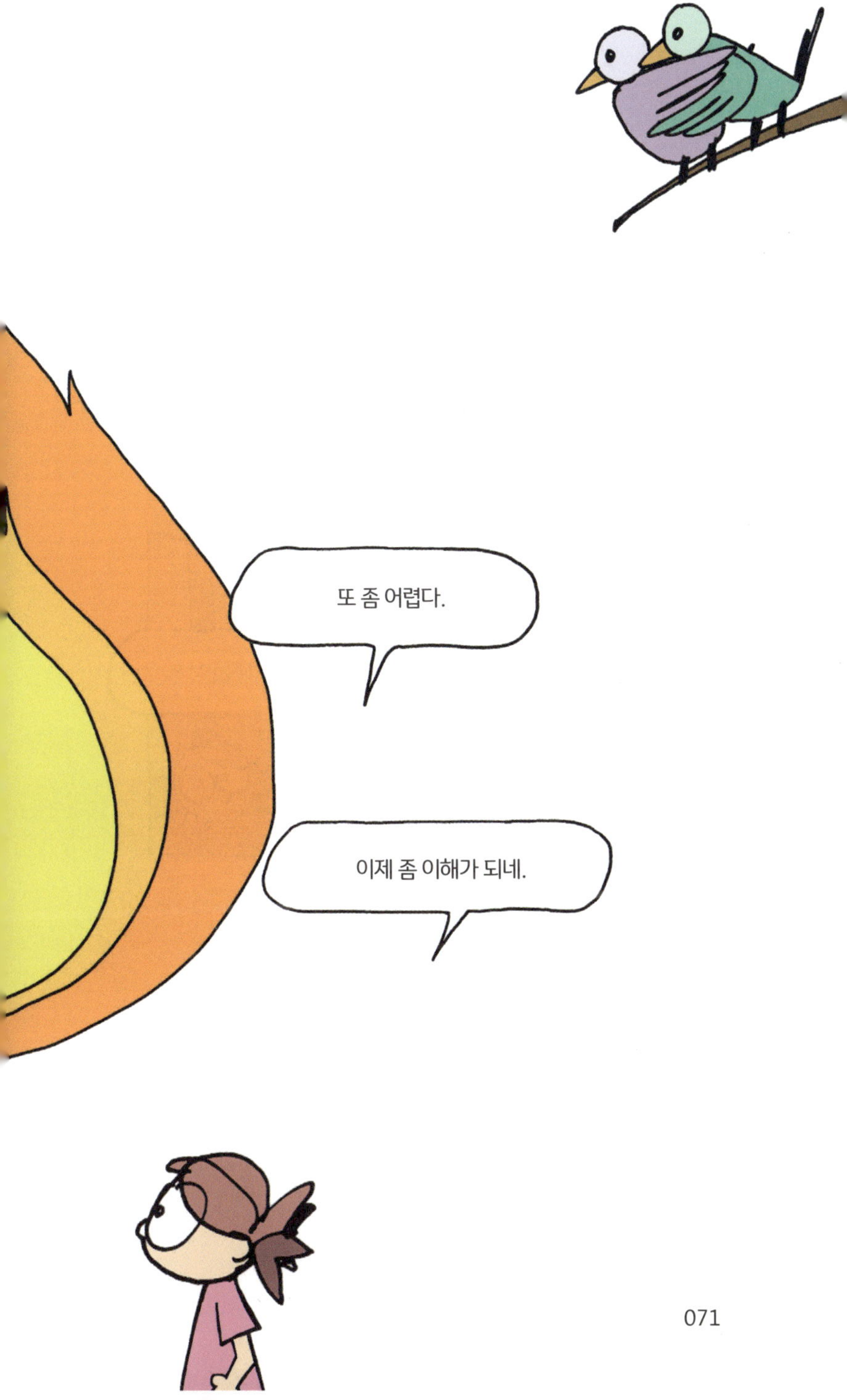

또 좀 어렵다.

이제 좀 이해가 되네.

모든 것이 변한다고 주장한 헤라클레이스토스와는 달리
파르메니데스는 "변하는 것은 아무것도 없다"라고 주장했다.

파르메니데스는 인간이 개별적으로 느끼는
감각과 존재의 진리는 다르다고 설명했다.

수시로 바뀌는 감각 현상과는 달리
진리는 불변한다는 이야기다.

파르메니데스의 사상이 철학사에서 중요한 이유는
있다, 존재한다라는 개념에 대해
처음으로 물음을 던지고 나름의 해답을 제시했기 때문이다.

어떤 의미에서 그는 이런 질문을 통해
존재론의 기초를 세웠다고도 볼 수 있다.

파르메니데스는 지금은 이탈리아 서쪽 땅인
그리스 식민 도시 엘레아의 부유한 집안에서 태어났어요.

그는 젊은 시절부터 동네에서 인심 좋기로 유명했죠.

당시 그리스는 이탈리아 남부, 소아시아,
그리고 북아프리카에 이르기까지
넓은 식민지를 건설하고 있었어요.

그렇다 보니 그리스 본토에서 일어나는 일을
다른 지역에서 전해 듣기가 쉽지 않았어요.

그래서 방랑 시인이라는 사람들이
여기저기 소식을 전하는 일을 했죠.

파르메니데스가 살았던 시절에는 크세노파네스라는
방랑 시인이 인기가 많았어요.
그런 크세노파네스가 엘레아에 나타나자
인심 좋고 호기심 많았던 파르메니데스는 그를 반갑게 맞았어요.

방랑 시인도 부잣집 도련님이 꽤 마음에 들었는지
둘은 함께 많은 시간을 보냈죠.

이런저런 이야기도 많이 나눴겠죠?

호메로스, 헤시오도스 같은 자들은 신을 모독하는 몹쓸 자슥들인기라.

아, 예.

신들이 마치 인간처럼 시기하고 속이고 하는 것처럼 얘기하잖아? 그건 틀려먹은 생각인기라.

예~에.

내는 말이다. 신은 완벽한 유일신이라고 생각한다.

지당하신 말씀 계속하십쇼.

파르메니데스는
크세노파네스의 사상에 꽤 영향을 받았어요.

소크라테스의 제자 플라톤이 쓴
『파르메니데스』라는 저서에 예순다섯 살의 파르메니데스가
갓 스무 살을 넘긴 소크라테스를 만난 이야기가 나와 있어요.

파르메니데스는 엘레아를 대표하는 외교관의 자격으로
아테네를 방문할 기회가 있었어요.

정치와 외교에는 관심도 없고
그저 철학과 잡담을 좋아했던 파르메니데스는
그때 소크라테스를 만난 거죠.

어이 청년 내 얘기 들어봐. 세상에는 변하지 않는 참 진리가 있어.
그게 바로 **존재**라는 것이야.

어떤 자는 세상이 막 변하는 거라고 했다더군.
정말 어처구니가 없지?

있는 것은 단지 있을 뿐이고 없어지거나 변하는 게 아냐.

그러나 파르메니데스의 생각은,

무언가가 변하는 것처럼 보이는 건
인간의 감각이
외부의 세계에 현혹되기 때문이야.
눈, 귀, 혀 같은 불완전한
인간의 감각으로 세계를 파악하려 하니까
뭐가 자꾸 변하는 것처럼 느껴지는 거야.
생각해보라고.
해가 서산 너머 사라지는 것처럼 보이지만
그 해가 없어진 거야? 아니잖아?

오호!

변하는 건 없어!

파르메니데스는 이성이 아닌
감각에 의존해 세계를 이해하려고 하면
오류가 생긴다고 봤어요.
만물이 존재하지 않거나
사라진다고 하는 등 틀린 견해를
가지게 되는 거라고 말이에요.

그런 점에서 파르메니데스의 철학은
경험보다는 이성을 더 존중하는
'관념철학'의 고대 버전이라고 볼 수 있죠.

파르메니데스는 자신의 그런 주장을 뒷받침하려고
존재에 관한 특별한 논리를 세웠어요.

파르메니데스는 '변화'란
감각적인 오류에서 비롯되는 것이라고 주장했어요.

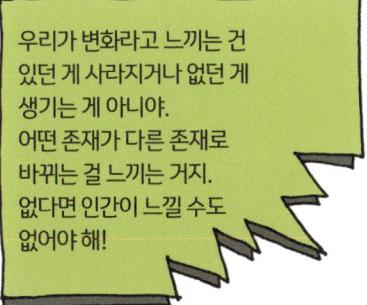

우리가 변화라고 느끼는 건 있던 게 사라지거나 없던 게 생기는 게 아니야.
어떤 존재가 다른 존재로 바뀌는 걸 느끼는 거지.
없다면 인간이 느낄 수도 없어야 해!

쉽게 말해 있는 것에서 다른 있는 것으로 자리가 바뀌는 거지.
실제로 없어지거나 생겨나지 않지만 없어지는 것처럼 보이거나 생겨나는 것처럼 보이는 것뿐이야.

존재는 항구불변이며 하나이고, 완전한 거야!

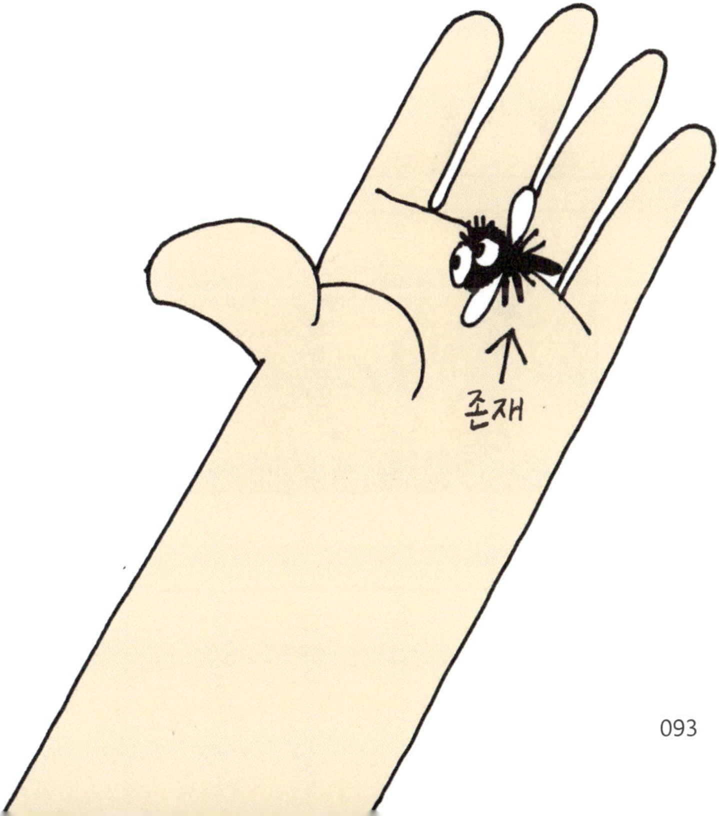

↑
존재

파르메니데스의 사상이 철학사에서 중요한 이유는
있다, 존재한다라는 개념에 대해
처음 물음을 던지고 나름의 해답을
제시했기 때문이에요.
어떤 의미에서는 이런 질문을 던짐으로서
존재론의 기초를 세웠다고도 볼 수 있죠.

제논은 한때 엘레아 지역에서
가장 칭송받는 사상가였던 파르메니데스의 수제자였다.

뛰어난 철학가이자 웅변가로 이름을 알린 제논은
스승의 주장을 지키고 변론하려
색다른 논리 기법을 만들었다.

패러독스*Paradox* 라고 불리는
역설의 철학자였던 제논은
변증법의 창시자로도 여겨진다.

그는 사람들이 받아들이는 상식에
흠집을 내는 다소 억지스러운 방식으로
논리를 전개했던 철학자였다.

엘레아 젊은이들의 우상이었던 그는
늘 재능 있는 제자를 원했는데
그때 한 소년이 눈에 확 들어왔어요.

그 소년의 이름은 제논.
파르메니데스는 제논의 총명함에 꽂혀서
자신의 사상을 잇는 위대한 제자로 키우려 했죠.

제논의 부모도 아들을 유명한 사람으로
만들어주겠다고 하니 반대할 이유가 없었어요.

제논은 스승으로부터 많은 것을 배웠어요.

그리고 결국 스승만큼 유명해졌죠.

제논은 사람들의 비난을 의식해서
스승과는 다른 독자적인 길을 걸었을까요?
아니에요.
그는 스승의 견해를 변론하고 보호하기로 결심했어요.

파르메니데스의 사상은
존재와 비존재를 엄격하게 구분하고
변화를 인정하지 않는 것이기 때문에
뭔가가 생겨나고 사라지는 현상을 상식으로 여기는 사람들은
좀처럼 수긍하기 어려웠어요.

당시 변화를 부정했던 파르메니데스와 대립하던 사상은
모든 것은 변한다고 했던 헤라클레이토스의 것이었어요.

제논은 헤라클레이토스를 공격하는 것이
곧 스승의 철학을 지키는 길이라고 생각했지요.

하지만 그건 결코 쉽지 않았어요.

그렇게 해서 탄생한 것이 바로 그 유명한 **역설**이란 거예요.

제논은 무언가가 생겨나고 사라지기 위해서는
공간과 시간이 전제되어야만 하는데
그런 것들은 개념일 뿐이라고 했어요.

제논은 알쏭달쏭하지만 섣불리 반박하지 못할 만한 여러 가지 사례를 들면서, 사람들이 상식으로 여기던 운동과 변화가 왜 불가능한지 입증해나갔어요.

하지만 거북이가 느린 점을 감안해서
출발선을 조금만 달리한다면?

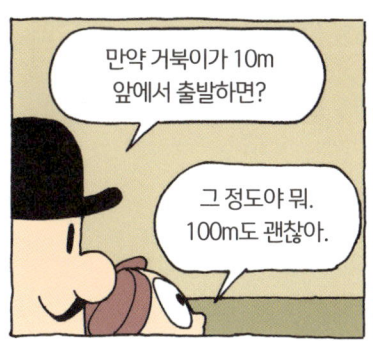

거북이보다 아킬레우스가 열 배 더 빨리 달릴 수 있다고 가정합시다.

자! 이제 둘은 100m 차이를 두고 출발합니다.

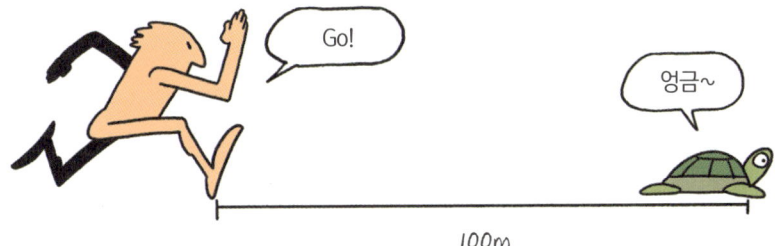

아킬레우스가 100m 지점에 도달했을 때 거북이는 10m 더 전진했죠.

아킬레우스가 110m 지점에 도달했을 때 거북이는 1m 더 전진했고요.

아킬레우스가 111m 지점에 도달했을 땐 거북이가 0.1m 더 전진!

아킬레우스가 111.1m에 도착하면 거북이는 0.01m 더….

그렇게 111.11111…. 거북이는 영원히 근소한 차이로 더 앞서게 됩니다.

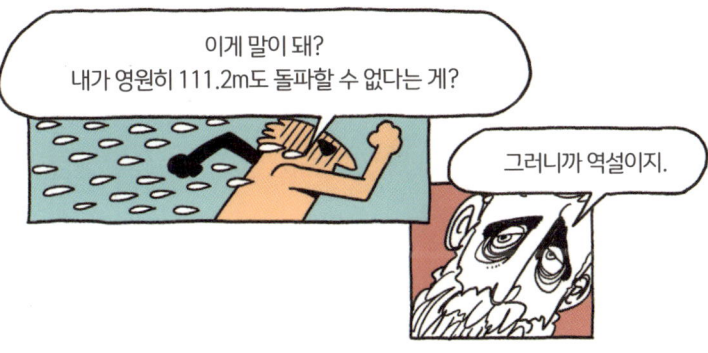

이 역설에서 제논은 사실 속도를 무시하고 있어요.

제논의 이러한 역설엔 논리적 허점이 있지만,
반대로 그 역설의 오류를 증명하는 과정에서
모순이라는 개념의 잠재력을 알게 됩니다.

그런 모순된 명제들을 충돌시켜서 보다 개선된 결론을 찾고,
찾아낸 결론의 모순을 또 발견하고….
그런 식으로 점점 더 발전된 생각으로 나아가는 것.

지혜를 팔았던 자들

소피스트
Sophist

B.C. 490~485년경 ~ B.C. 445~440년경

뛰어난 지식과 언변으로 고대 그리스의
한 시대를 풍미했던 자들을 일컫는
소피스트라는 말은 '지혜'라는 뜻의 단어,
소피아*Sophia* 에서 나왔다.

그러니까 소피스트란
지혜로운 자를 의미했다.

하지만 자신들의 전문적인 지식과 재능을
진리를 찾고 순수한 학문을 정진하는데 쓰기보다
돈을 받고 웅변 기술을 전수하거나
변론이 필요한 사람들을 대신해주는 일에 주력한 탓에
궤변론자라고 불리기도 했다.

페르시아 전쟁을 승리로 이끈 주역인 아테네는
강력해진 국력과 페리클레스의 치세에 힘입어
최고의 번영을 누리고 있었죠.
배는 부르고 근심도 없고 딱히 힘든 일은 하지 않아도 되었던
그 시절 아테네 시민들은 어땠을까요?

심심하면 딴 생각이 드는 법.

아테네 귀족들은 이른바 **직접민주주의**의 시대를 열어
저마다 자기 주장을 펼쳤고

광장이나 법정 같은 곳에서 논쟁을 벌이면서 시간을 보냈어요.

말 잘하는 사람이 최고로 대접 받았지요.

그래서 사람들은 웅변이나 변론처럼
말솜씨를 가르치는 전문가를 찾았어요.

말 좀 한다고 자부하는 자들, 그러니까 소피스트들은
사람들로부터 돈을 받고 기술을 가르치기도 하고,
말싸움에 대신 나서주기도 했어요.

그런데 소피스트들이 가르치는 기술의 목적은
오로지 논쟁에서 이기는 것이었기 때문에

올바른 지식이나 이성이 아니었어요.

그들에게 중요한 것은 보편적인 진리가 아닌 감각세계에서의 경험적인 지식이었어요.

사물의 상태는 보는 사람의 감각에 따라 다르게 보일 수 있는 거잖아?

모든 사람들의 감각이 동일하지 않기 때문에 항상 올바른 지식이란 있을 수 없어.

게다가 같은 사람도 상황에 따라 다르게 보고 느낄 수도 있고.

어쩌면 나는 백조일까???

시험 문제에 정답을 쓰지 않아도 되는 기막힌 시절이었겠군.

이전의 자연철학자들이 세상의 근원이나
불변의 진리를 찾으려고 애를 썼던 반면에

소피스트들은 애초부터 그런 물음이나 해답을
찾는 일에는 관심조차 없었던 거죠.

그래서 소피스트 시대에 가장 유명한 철학자였던
프로타고라스는 이런 말을 하기도 했죠.

만물의 척도는 인간이다.

우주의 진리는 무엇입네 하고 아무리 탐구하고 주장해봤자
그런 건 다 실제로 체험해보지 못한 환상일 뿐.

이 말은 학문이 절대적인 진리나 우주의 원리 같은 것에
관심 둘 필요가 없다는 매우 과격한 발언이거든요.

현실적이고 맞는 말
같기도 한데?

그런데 사람들이 저마다 느껴서 얻는 정보는
객관적이지 않고 주관적이죠.
그렇다면 보편적인 지식이란 아예 불가능한 게 아닐까요?

프로타고라스는 그런 문제를 해결하기 위해
"많은 사람들 중에서 신체가 건강한 사람의 감각을 기준으로 삼아서
객관적인 지식을 얻을 수 있다"라는 깜찍한 주장을 하기도 했어요.

언제 어디서나 튀는 발언으로 주목을 끌었던 당시 소피스트들의 말잔치가 얼마나 극에 달했는지를 보여주는 재미있는 일화가 있어요.

에우툴루스라는 영리한 자가 있었어요.
그는 당시의 스타 강사였던
프로타고라스에게 배우기를 청했어요.

에우툴루스는 한 가지 제안을 하고 프로타고라스와 계약을 맺었어요.

그런데 에우툴루스가 배울 만큼 배우고도 돈을 내지 않자
화가 난 프로타고라스는 최후통첩을 해요.

그리고 소송에서 에우툴루스가 지게 되면?
그 경우에도 첫 소송에서 이겨야 돈을 내겠다는
계약 조건이 있으니까….

보편적인 진리를 탐구하는 것이 쓸모없다고 여겼던 소피스트들은 그렇게 상대적이고 주관적인 자기 생각과 주장을 가지고 억지스런 논쟁을 일삼았던 거지요.

나는 고르기아스라고 하는 소피스트인데 말이야.
모든 지식이라는 게 말이야.
주관에 따라 달라지는 거니까
어디 믿을 만한 지식이란 게 있겠냐 그 말이야.
그래서 나는 지식 허무주의를 내세웠단 말이야.

그런데 소피스트에 대한 평가가
그렇게 부정적인데도 철학사에서 항상 소피스트들을
빼놓지 않고 다루는 이유는 뭐지?

오! 그건 말이죠. 소피스트들이 주목했던 인간의
감각적인 주관, 그리고 상대적인 지식의 다양성 같은
생각들이 이후의 인식론이나 도덕철학 같은 다른 종류의
철학에 중요한 힌트를 주었기 때문이에요

그게 무슨?

학문에서는 보편적인 진리를 추구하는 것만큼이나
다양한 관점에서 직접 관찰하고 경험하는 것이
중요하잖아요? 바로 그런 태도를 철학의 세계에
도입한 이들이 바로 소피스트들이었던 거죠.

음…. 일단 넘어가. 두고 보자고.

소크라테스는
서양 고대철학사뿐 아니라
세계 철학사에서도
가장 중요한 인물 중 하나다.

당대의 뛰어난 현자였던 그는
인간의 삶과 자연, 사물의 기본적인 개념에 대해,
우리가 알고 있다고 여기는 것들에 대해
근본적인 질문을 던졌다.

또 자신이 아는 것과 행동이
일치해야 한다고 주장했다.

그는 고대 그리스의 철학을 새롭게 정립하고
철학자가 어떤 행동과 모습을 보여야 하는지를
실천한 사람이다.

소크라테스는 그리스의 도시국가 아테네에서 태어났어요.
당시 아테네는 페르시아 전쟁의 승리로
그리스 세계를 이끄는 우두머리 도시가 되었어요.
그리고 다른 도시 국가들에게 전쟁 보조비를 거둬들이면서
승승장구하고 있었죠.

아버지의 조각 작업장에 자주 드나들면서
일을 도왔던 소크라테스는 그곳에서 뭔가를 깨달았어요.

소크라테스는 산파였던 어머니가 하던 일에서도
교육 방법을 터득했어요.

때마침 아테네에는 참지식을 가르쳐줄 스승을
애타게 찾는 젊은이들이 많이 있었어요.

그런데 당시 스승이라고 자부하던 소피스트들은 대부분
돈을 받고 출세를 위한 웅변술 같은 것들만 가르쳤죠.

하지만 소크라테스는 웅변술이나 말싸움을 가르치지 않았어요.
대신 조각가나 산파처럼 제자들이 스스로 진리를
얻을 수 있도록 질문을 통해 대화하는 방법을 택했어요.

소크라테스가 살았던 시대에 아테네에는
참 많은 전쟁이 있었어요. 소크라테스는 네 차례나
군인으로 전쟁에 참가했어요.

전쟁터에서는 용감하고 동료들을 위해
희생하는 모범적인 군인이었죠.

아테네의 유력 정치인이자 군대 지휘관이었던 알키비아데스도
전쟁터에서 부상을 당했을 때 소크라테스의 도움으로
생명을 구한 적이 있었대요.

이런 일화도 있어요.
하루는 소크라테스의 친구 중
카이레폰이라는 사람이 신탁을 얻기 위해
델포이 신전을 찾았대요.

카이레폰이 물었어요.

답을 들은 그는 곧장 소크라테스에게 그 사실을 알렸어요.

그런데 소크라테스는 기뻐하지 않고 오히려 화를 냈어요.

하지만 신탁을 무턱대고 부정할 수 없다는 생각에
직접 그것이 사실인지 알아보기로 했어요.

소크라테스는 아테네에서 현명하다고 소문난
모든 사람들을 찾아다니기 시작했어요.
그리고 그들과 얘기해봤죠.

결과는 실망스러웠어요.
현명하다던 사람들이 모두 무지하면서도
자기가 무지하다는 사실조차 알지 못했던 거죠.

그리고 겸손하고도 건방진 결론에 도달했죠.

소크라테스가 사람들을 만나서 자신의 무지함을
깨우치도록 한 것도 대화법을 통해서였지요.

소크라테스는 질문과 대화를 통해
사람들이 좀 더 진지해지길 바랐던 거죠.

그런데도 아테네의 시민들과 법정은 나에게 사형을 선고했어. 오로지 양심에 따랐던 나한테 말이야. 이게 말이 되냐고?

사형이라고요? 죄가 뭐였는데?

아테네의 젊은이들을 타락시키고 신을 제대로 믿지 않았다는 거였어요.

젊은이들은 그의 깨달음과 가르침이 좋아서 따랐던 거 아닌가요?

인기가 너무 많았던 게 문제였어요. 엄청난 인기 탓에 소피스트들과 지도층의 미움을 산 거죠.

친구들이 도망가라고 권유했지만 소크라테스는 자신이 억울하다는 이유로
폴리스의 결정에 불복하는 것이 과연 옳은지 되물었어요.
소크라테스처럼 다른 사람들도 억울하다고 해서
판결을 지키지 않고 다 도망간다면 도시가 유지될 수 있겠느냐는 거였죠.

플라톤은 소크라테스의 제자였다.

소크라테스의 죽음을 통해
민주주의의 맹점을 깨달은 플라톤은
민주주의를 대신할 이상국가를 고민했다.

그는 명문 철학 대학인 아카데미아를 개교해
그곳에서 소크라테스의 사상을 전하고 정리했다.

이전의 철학자들이 자연과 만물의
근원을 찾으려 했다면
플라톤은 인간이 어떻게 하면 세계를
올바로 알 수 있는지에 대해
본격적으로 사유하기 시작했다.

그는 인식론이라는 철학의 분야를
처음으로 연 철학자였다.

어렸을 적에는 섬세하고 감성이 풍부해서 문학에 관심이 많았대요.

하지만 청년 시절에 누군가를 만나면서 인생관이 확 바뀌었죠.

바로 소크라테스였어요.

플라톤도 당시 아테네 젊은이들 사이에서 가장 인기가 많았던 소크라테스에게 푹 빠져든 거예요.

당시 아테네의 정치제도는 민주주의였어요.
당시 아테네에선 중요한 모든 결정을 다수결로 정했는데,
재판도 마찬가지였죠.

다수결은 결코 바람직하지 못해.
무엇보다 재판처럼 중요한 결정은
법률 전문가에게 판결을
맡겨야 하지 않겠는가 말이야.

그럼 플라톤이 생각한
바람직한 제도는 뭐였을까요?

플라톤은 그렇게 생각했어요. 여러 사람이 제각기 자기 의견을 내세우며 좌충우돌하는 것보다 가장 훌륭한 자질을 갖춘 한 명의 통치자가 제대로 다스리는 게 어떤 형태의 국가보다 더 이상적일 거라고 굳게 믿었던 거죠.

국가의 운명은 한 사람의 손에 달렸어.

맞아요. 플라톤의 사상이 현실적이지 못한 점이 있긴 해요. 그도 그럴 것이 플라톤은 현실세계의 모습을 참다운 것이라고 여기지 않았거든요.

현실세계가 참이 아니라고?

그럼 뭐가 참인데?

여기서 플라톤 철학의 가장 중요한 핵심 용어가 등장합니다.
바로 **이데아**죠.
완벽하고 가장 완전한, 현실세계의 원형이랍니다.

이데아는 현실세계에 존재하는 것이 아니라 관념이니까 눈이나 귀 같은 감각기관이 아닌 이성을 통해 파악되겠죠? 플라톤에 따르면 뛰어난 이성을 가진 현명한 사람일수록 세상의 참된 모습 즉, 진리에 더 잘 이르게 된다는 거죠.

그리스 철학을 이야기할 때
플라톤과 함께 양대 산맥으로 불리는
아리스토텔레스는
논리학이라는 철학 분과를 만들어
인식의 틀을 마련한 위대한 철학자였다.

그는 제자 알렉산드로스가 정복지에서
조사하고 모아온 자료들,
동식물의 표본, 법전, 의학, 철학 등
다양한 자료를 정리하며 연역법을 발전시켰다.

그의 논리학은 오늘까지도
사랑받는 학문으로 남아 있다.

궁정에는 아무래도 엄격한 법도가 있었을 테고
그런 걸 보면서 아리스토텔레스는 자연스럽게
질서 잡힌 몸가짐을 익히지 않았을까요?

질서 있는 몸가짐이 또 질서정연한 생각을
낳는 법이지 않겠어요?
아리스토텔레스가 논리학의 기초를 세울 수 있었던 건
환경의 영향이 컸을 거라는 얘기죠.

싸가지가
없어지진 않았나몰라?

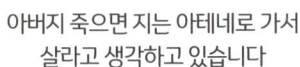

아버지 죽으면 지는 아테네로 가서
살라고 생각하고 있습니다

허허 일마도 참.
니 거기 가서 뭐 할라꼬?

플라톤 선생의 제자가 될라 카는
절도 있는 생각을 하고 있다 아입니꺼?

허허 일마 이거 참.

열일곱 살 때 아리스토텔레스는
아테네로 갔어요.

플라톤의 제자가 된 아리스토텔레스는 정말 열심히 공부했어요.

플라톤도 그런 아리스토텔레스를 무척 아꼈겠죠?

나중에 그 유명한 정복 왕이 되는 알렉산드로스를 3년 동안 가르치기도 했죠.

그리고 아리스토텔레스는 아테네로 돌아와서 대학을 세웠어요.

그런데 그는 교실에서 가르치는 것보다 산과 들을 거닐면서
자연 속에서 경험을 통해 공부하는 방법을 택했어요.

한편 그리스 연합국의 총사령관이 된 제자, 알렉산드로스는
세계를 정복하고 다니면서 각지에서 발굴하고 채집한 자료들을
스승이었던 아리스토텔레스에게 많이 보내줬어요.

삼단논법이 뭐냐 하면 말이지.
가장 기본적인 예는 이런 거야.

생물입니까? 동물입니까? 하는 식으로
먼저 큰 범위에서 시작해 차츰 작은 단위로 질문을 진행하죠?
그렇게 지식의 계통을 만드는 것이 아리스토텔레스식 논리에요.

> 이제 삼단논법만큼 중요한 용어인 **범주**를 설명할게요.
> 먼저 아래와 같은 문장이 있다고 쳐요.

B.C. 399년에 아테네에서 죽은 아주 착한 소크라테스는
플라톤의 선생님으로 키는 160cm였다.
그는 항상 낡은 키톤만 걸치고 맨발로 아테네의 아고라 광장에 앉아
젊은이들과 많은 얘기를 나누었다.
그러나 안타깝게도 신을 믿지 않고 젊은이들을
타락시켰다는 죄로 고소당하였다.

> 이 문장은 열 개의 항목으로 분석할 수 있어요.
> 문장을 명석하게 이해하기 위한 이 항목들을 범주라고 부르죠.

1. 실체: 소크라테스가 있다.
2. 양: 소크라테스의 키는 160cm이다.
3. 성질: 소크라테스는 착하다.
4. 관계: 소크라테스는 플라톤의 선생님이었다.
5. 장소: 소크라테스는 아테네에서 살았다.
6. 시간: 소크라테스는 B.C. 399년에 죽었다.
7. 상태: 소크라테스는 아테네의 아고라에 앉아 있다.
8. 소유: 소크라테스는 키톤을 입고 있다.
9. 활동: 소크라테스는 젊은이와 얘기를 나누었다.
10. 수동: 소크라테스는 젊은이를 타락시킨 무신론자라는 이유로 고소당했다.

그래요. 맞아요.
아리스토텔레스는 플라톤의 철학을 계승한 제자였지만
한편으로는 플라톤의 사상과
근본적으로 다른 체계를 세운 철학자였어요.

사물과 세계를 인식하기 위해 플라톤은 이데아에서부터 출발했지만 아리스토텔레스는 현실의 여러 사례들을 관찰하고 분류했어요.

세계를 이해하고 진리를 얻기 위해서는 무엇보다 감각을 통해 현실적인 자연계를 경험하는 데서 출발해야 해.

플라톤이 영원 불변하는 형상의 세계를 미리 상정한 반면 아리스토텔레스는 사물의 본질적인 형상은 개별적인 사물들에 내재해 있다고 생각한 것이죠.

선하고 정의롭다는 개념을 아는 것도 마찬가지야. 정의가 현실에서 어떻게 드러나는지를 봐야지.

플라톤 그리고 아리스토텔레스는 각기 다른 방식으로 사유한 철학자들이지만 둘 모두 철학사에 지대한 영향을 끼쳤어요.

어쩌면 플라톤 선생님과 나는 기질부터 달랐어. 선생님은 직관이 뛰어났고 나는 학구적이고 체계적이었어.

철학자의 모습을 상상할 때
나비 넥타이를 맨 차림으로 대학에서
강의하는 교수를 떠올릴 수도 있지만
한편으로는 남루한 차림으로 관습에
얽매이지 않고 자신의 사상을
전파하는 현자의 모습을 그려볼 수도 있다.

만일 후자와 같은 철학자를 상상했다면
철학사를 통틀어 그 이미지에 가장 부합했던 인물은
단연 미친 소크라테스라는 평을 들었던
디오게네스일 것이다.

그런데 옛날 어느 철학자는 개처럼 사는 것이 진정 자유롭고 현명한 인생이라고 했거든요.

때는 바야흐로 아테네를 위시한 그리스 도시국가들이 쇠락하고
알렉산드로스가 이끄는 마케도니아가 그리스 세계를 장악하던 시절.
철학이니 사상이니 하던 것들이
사치스러운 말장난에 불과하다는 회의론이 생겨났죠.

평화롭던 시대가 가고
격변기가 왔거든요.

사는 게 팍팍하니
말장난할 시간이 없었을지도…

바로 그 무렵 진지한 생각 좀 한다고 자부하던 사람들 중에는
인생의 고통을 극복하기 위해 소크라테스를
본받아야 한다고 주장하는 자들이 생겨 났어요.

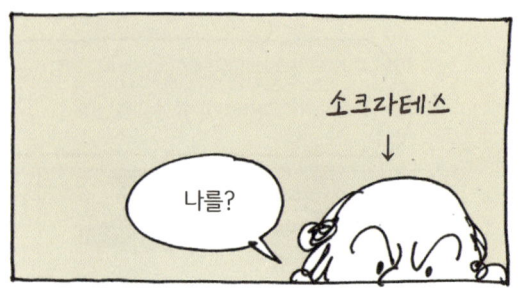

그들이 소크라테스의 행적 중에서 가장 흠모했던 면은
금욕과 절제 그리고 윤리적인 사상이었어요.

어쨌든 당시 금욕주의자들 중에는 퀴니코스학파의 사상이 가장 유명했어요. 고대 그리스어로 개라는 뜻의 kyon이라는 단어에서 유래한 이름이죠. 한자로는 번역해서 견유학파라고 불러요.

그들은 문명의 산물인 소유욕을 버리고
자연 상태로 사는 삶이 최선이라고 여겼어요.

그래서 개처럼 살라고 주장한 거죠.

물론 개가 금욕적이지는 않겠지만
상징적인 의미로 말이에요.

냉소주의를 뜻하는 Cynicism도 알고보면
개라는 단어에서 나온 것이니까요.

정말 개같은 삶을 살았던 한 철학자.

바로 이 사람. 디오게네스.

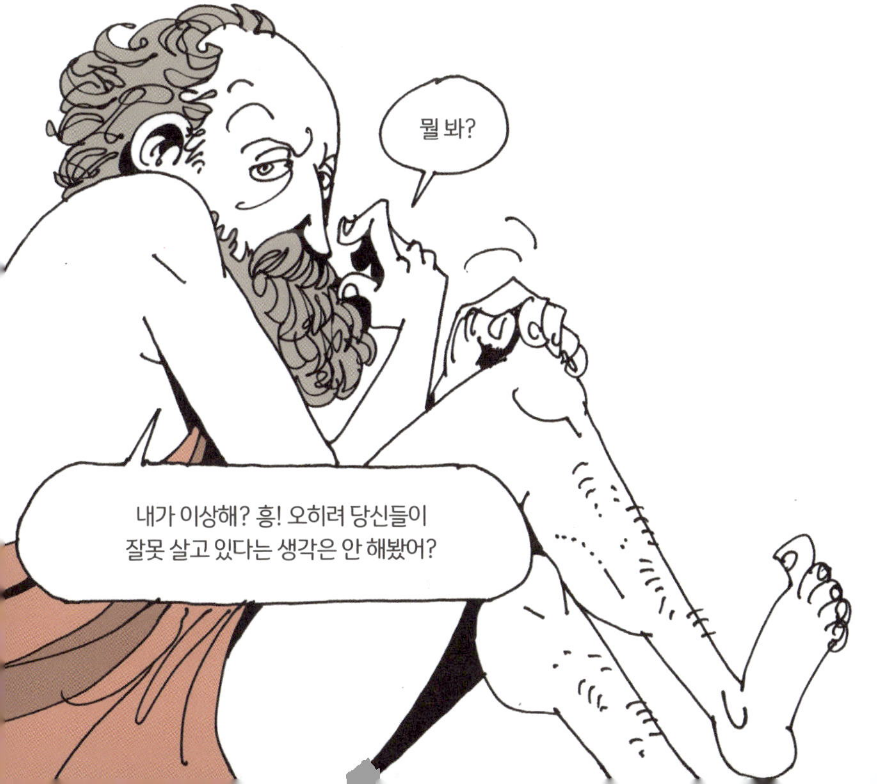

뭘 봐?

내가 이상해? 흥! 오히려 당신들이 잘못 살고 있다는 생각은 안 해봤어?

견유학파의 상징적인 인물로 그리스시대,
아니 철학사를 통틀어 가장 기인다운 모습으로
사람들에게 이름을 날린 철학자였죠.

디오게네스는 당시에 멸시받는 직업이었던
환전상의 아들로 태어났어요.

그래서인지 화폐를 포함해, 인간이 편리한 생활을 위해
만들어낸 것들을 무척 싫어했어요.

그런 그가 인간들의 욕심 때문에 벌어지는 싸움,
전쟁 같은 불행하고 부도덕한 일들을 보면서 어떤 생각을 했을까요?

극단적인 금욕과 절제를 몸소 실천하기로 했어요.

그는 잠은 들고 다니는 통 속에서 자고 옷도 거의 입지 않은 채
누구에게도 간섭 받지 않고 마음껏 자유를 누렸죠. 보란 듯이 말이에요.

예를 들면 선한 사람을 찾는답시고

환한 대낮에도 촛불을 들고 다니면서
지나가는 사람에게 들이대곤 했대요.

당시 최고의 권력자였던 알렉산드로스 왕과의 만남.

아리스토텔레스의 제자답게 철학에 관심이 많았던 알렉산드로스는
디오게네스의 명성을 듣고 그를 찾아갔어요.

한낮에 일광욕을 즐기던 디오게네스는 자신을 찾아 와서 말을 건넨
알렉산드로스에게 옆으로 좀 비켜 서달라고 답했어요.

천하를 호령하던 알렉산드로스도
디오게네스의 뻔뻔함에 그저 웃고 말았대요.

쾌락은 좋은 거야. 악한 게 아니라고. 그래서 쾌락적인 삶은 선한 삶과 같은 것인 게야.

쾌락을 상징하는 이름

에피쿠로스
Epikuros

B.C. 341년경 ~ B.C. 271년경

에피쿠로스는 철학사에서 쾌락주의자로 통한다.

하지만 그가 추구한 쾌락은
우리가 흔히 생각하는
물질적이고 감각적인 쾌락을 의미하지 않았다.

그는 진정한 행복을 얻기 위해서는
절제된 행동과 정신적 나눔을 통해
삶의 고통에 대한 두려움을 떨치라고 주장했다.

쾌락을 추구한다는 것은 오히려
지극히 도덕적인 삶을 의미하는 것이었다.

에피쿠로스는 사모스 섬에서 태어났고
아버지는 학교 선생님이었어요.

그리고 열여덟 살이 되어서는
아테네로 가서 본격적으로 철학 공부를 했어요.

당시 아테네에는 소크라테스의 사상을 추종하는 사람이 많았는데
그중에서도 퀴레네학파의 아리스티포스가 유명했어요.

아리스티포스는 소크라테스가 생전에 인간의 삶에서 가장 좋은 선은
쾌락이라고 말하는 걸 직접 들었다고 주장했어요.

에피쿠로스는 그런 아리스티포스의 주장에 관심을 가졌고
쾌락이라는 단어에 딱 꽂혔어요.

그 학교를 사람들은 정원학파라고 불렀어요.

원하고 추구하는 마음.
그게 바로 욕구라는 건데
인간에게는 여러 가지 종류의 욕구가 있어요.

에피쿠로스는 인간의 수많은 욕구들 중에는 꼭 필요하고 유익한 것을 바라는 자연스러운 욕구가 있는가 하면 건전한 삶에 해로운 헛된 욕구도 있다고 했어요.

부질없는 욕심을 멀리하고 평온한 정신을 유지하기 위해 우리 학교 학생들에게는 하루에 빵 한 덩이와 물만 주고 공부시켰어.

맨날 빵만 먹으니까 지겹지 않냐? 우리 삼겹살 구워 먹을까?

지난 달에 햄버거 먹다 들켜서 퇴학당한 선배 얘기 못 들었냐?

이 공식을 보면 욕구나 욕망이 분모고 성취가 분자잖아요?
우리는 보통 행복의 양을 늘리기 위해 더 많이 성취하려고 애를 쓰지만
에피쿠로스는 반대로 분모, 즉 욕망의 양을 줄이라고 했어요.

죽음을 염려하는 가운데서는 결코 행복해질 수 없다는 거죠.

에피쿠로스는 종교를 부정한 탓에 이후
로마 시대에는 환영받지 못했지만
근대로 오면서 유물론자들과 공리주의자들에게
많은 영향을 주었어요.

헬레니즘 시대에 제논에 의해 창시된
스토아학파는 '어떻게 살 것인가'라는
윤리적인 물음에 답하면서 태동한
철학 사조였다.

스토아 정신은 덕, 의무, 공동의 선을 강조하며
자연의 법칙에 순응하는 것이었다.

이들의 철학은 지중해를 포함한 유럽과
소아시아, 아프리카에 걸쳐
새로운 세계 질서를 세운 로마제국으로 이어져,
노예 출신의 현자 에픽테토스,
네로 황제의 스승이며 정치가였던 세네카,
제국의 전성기라 불린 5현제 시대의
마지막 황제 마르쿠스 아우렐리우스까지
다양한 계층의 철학자들을 배출했다.

도시국가들이 상호 경쟁하며 일군 그리스의 조화는 와해됐고,

급변하는 정세 속에서 사람들의 세계관마저 흔들리던 무렵에

키프러스 출신의 제논이 아테네에 당도했어요.

그때는 이미 플라톤, 아리스토텔레스 같은
위대한 스승들이 무대에서 사라진 시절이었고,

사람들은 진리를 탐구하는 것보다 어떻게 살아야 할지를 더 고민했어요.

그러다 보니 에피쿠로스의 쾌락주의나
디오게네스의 견유학파 같은 사상이 유행했죠.

하지만 제논의 심금을 울린 것은 소크라테스의 가르침이었어요.

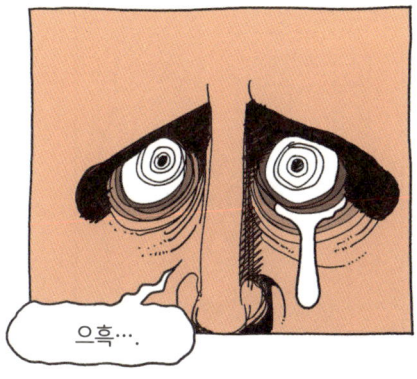

임박한 죽음마저 의연하게 받아들이며 평정을 유지했던
그 모습을 본보기로 삼고자 했던 거죠.

그래서 올바른 도덕철학을 가르치기 위한 학당을 열었고,

복도를 따라 기둥이 들어선 회랑에서 강의를 했는데,

그 건물 양식을 일컫는 말인 '스토아'에서 이 학파의 이름이 유래했어요.

혼란한 세상에 바로 세워야 할 가치를 두고 고민한 제논은 '덕'을 강조했는데, 그건 자연의 섭리에 순응하는 태도를 의미했어요.

제논은 유물론에 입각해 세계를 이해하려고 했어요.

그렇다고 에피쿠로스처럼
데모크리토스의 물질관을 갖다 쓰진 않았어요.

그가 되살린 것은 헤라클레이토스의 물활론이었죠.

만물을 구성하고 변화시키는 힘의 원천이 불이라는,
역동적인 물질관을 차용한 거였죠.

그는 우주와 세계에 조화와 법칙을 부여하는
근본적인 힘이 있다고 믿었어요.

제논이 말한 힘, 법칙, 섭리 등을 종합하면

자연과 인간을 이어주고 우주의 질서를 다스리며 진리에 이르게 하는 빛.

그건 **이성**이었어요.

철학에서 가장 힘이 센 만능 키워드지!

혹은 **로고스**로도 불리는.

쓰면 왠지 배운 티가 나는 품위 있는 단어야.

궁극적으로 의미하는 건 '신'이었죠.

유물론이면서 신?

달리 부를 말이 없으니까요.

스토아철학에 따르면 로고스는 자연에 내재한
보편적인 신의 목적과 의지를 포함해요.

그리고 자연의 일부인 인간의 삶도 원래는
로고스의 질서에 부합하도록 되어 있다고 가르쳤죠.

그래서 이성적이고 올바른 삶의 태도란

로고스에 순응하는 삶, 즉 순리에 따르는 삶이며

그걸 거스르려 할수록 불행해진다는 거예요.

그런 운명론적 세계관을 이어받은
로마의 노예 출신 철학자, 에픽테토스는

인생을 연기에 비유하면서
사람은 각자 주어진 역할에 충실해야 한다고 했어요.

그런 스토아철학의 흐름은 로마제국 시절 유명한 정치가였던
세네카의 인생관과 정치관에도 반영되었고,

5현제 시대의 황제 철학자 마르쿠스 아우렐리우스는
스토아철학을 담은 『명상록』이라는 책을 남겼어요.

로마는 당시에 광대한 영토와 문화권에 걸쳐 세워진
대제국에 걸맞는 통합 이념이 필요했는데,

보편 목적과 질서를 바라보는 스토아철학의 세계관과 윤리 의식은
제국의 정신이 되기에 적합했던 거죠.

스토아적 이념에서 **보편주의**란,
이성을 지닌 모든 존재는
'동일한 목적'과 '공통 윤리'에 따라 동일함을 의미하는데,

인종이나 출신, 성별, 빈부 등의 이유로 차별하지 않는다는
세계 시민 주의 이념으로 나타났어요.

시민들 사이에서 공인될 수 있는 유일한 차별 기준은 '도덕'뿐이라는 생각.

그런 보편 시민 개념과 자연법사상은 훗날
근대 계몽주의 사상가들의 아이디어로 다시 등장하게 됩니다.

EPILOGUE

세상 만물의 근원을 탐구하는
자연철학에서 출발해

세상에 있는 것들의 진실과 존재 이유를
따져묻기도 하고,

자기 주장을 관철시키려 지식과 논리를
방편 삼는가 하면

올바른 지성으로 인간세계의 총체적인 학문을
구축하고자 했던 고대 철학은

삶을 대하는 바른 생각과 태도를 모색한
윤리학으로 이어지며 대단원의 막을 내립니다

주어진 삶과 세계에 대해 끊임없이
질문을 던지며 진리를 향해 나아가는

고귀한 사유와 실천의 여정이 다음 세대에도
계속 이어질 것을 기대하며 말이죠!

이 다음으로 이어지는 중세시대에
종교의 시녀라 불리며 무시당하던 철학이
근대에 이르러 다시 활짝 꽃을 필 수 있었던 것도

이 시대에 다져놓은
훌륭한 기반이 있어서였겠지요!

중세와 근대에는 또
얼마나 대단한 생각을 했을까?

초판 1쇄 발행 2021년 7월 2일
초판 17쇄 발행 2024년 11월 11일

지은이 김재훈, 서정욱
펴낸이 민혜영
펴낸곳 (주)카시오페아
주소 서울특별시 마포구 월드컵로14길 56, 3~5층
전화 02-303-5580 | **팩스** 02-2179-8768
홈페이지 www.cassiopeiabook.com | **전자우편** editor@cassiopeiabook.com
출판등록 2012년 12월 27일 제2014-000277호

ⓒ김재훈, 서정욱 2021
ISBN 979-11-90776-75-2 03160

이 책은 저작권법에 따라 보호받는 저작물이므로 무단전재와 복제를 금하며,
책의 전부 또는 일부를 이용하려면 반드시 저작권자와 (주)카시오페아 출판사의
서면 동의를 받아야 합니다.

- 잘못된 책은 구입하신 곳에서 바꿔드립니다.
- 책값은 뒤표지에 있습니다.